W0326288

Oliver Hoffinger

kochen für schnellos

gut, günstig & genial

Oliver Hoffinger

Jahrgang 1970, trat nach Beendigung seiner Lehrzeit in die erste Küchenmannschaft von Do&Co im Haashaus, Wien, ein. Anschließend erkochte er im Restaurant Vincent drei Hauben als jüngster Sous-Chef Europas. Nach Stationen u. a. bei Vongerichten in New York eröffnete er sein eigenes Restaurant Kochwerkstatt und erhielt auf Anhieb wieder zwei Hauben. Nach einem Zwischenspiel im Wiener Gaumenspiel kochte er täglich live auf Pro7 Austria. Im Juli 2008 startete seine Kochshow auf Puls 4 „Koch mit! Oliver".
Zuletzt erschien, gemeinsam mit Ingo Swoboda und Luzia Ellert, sein erfolgreiches Chili-Kochbuch.

Bibliografische Information der Deutschen Nationalbibliothek
Die Deutsche Nationalbibliothek verzeichnet diese Publikation in der Deutschen Nationalbibliografie; detaillierte bibliografische Daten sind im Internet über http://dnb.d-nb.de abrufbar.

1. Auflage

Graphische Gestaltung: Emanuel Mauthe, Verlagsbüro Wien
Lektorat: Wolfgang Straub
Gesamtherstellung: Grasl Druck & Neue Medien, Bad Vöslau
Alle Abbildungen von Kurt-Michael Westermann mit Ausnahme von:
Cover Vorderseite, Coverrückseite oben, S. 5, 8/9, 44/45, 66/67, 88/89, 108/109, 124/125
von Cathrine Stukhard

bulthaup
center spittelberg

Wir danken Walter Reisinger für die Erlaubnis, Fotoaufnahmen in dem stilvollen Ambiente des bulthaup center spittelberg machen zu dürfen.

ISBN 978-3-85033-203-3

Christian Brandstätter Verlag
GmbH & Co KG
A-1080 Wien, Wickenburggasse 26
Telefon (+43-1) 512 15 43-0
Telefax (+43-1) 512 15 43-231
E-Mail: info@cbv.at
www.cbv.at

Oliver Hoffinger

kochen für schnellos

gut, günstig & genial

Christian Brandstätter Verlag

Schnellos: Das sind Menschen, die flott, ambitioniert und mutig Dinge angehen,

die schnell, aber nicht hastig, flink, aber nicht übereilt, zügig, aber nicht überstürzt sind.
Also Sie.
Aber was hat das mit Kochen zu tun?
In einer Zeit, in der es immer mehr um Geschwindigkeit geht, ist verlorene Zeit nicht wieder einzuholen. Und ich habe viele Freunde und Bekannte, die wenig Zeit haben und sich daher auch keine Zeit zum Kochen nehmen.

Ist kochen nicht zu aufwändig? Da brauch ich doch so viel Geschirr ... (Und ich wasch sowieso nicht gerne ab.) Für die Zutaten muss ich ja den halben Tag durch die ganze Stadt laufen ... Da ist ja ein Besuch bei einer Fastfoodkette billiger als all das Zeug, das ich für das Rezept brauche ... Fertiggerichte schmecken auch super, das geht schneller und ich brauche nicht zu arbeiten ... Ich weiß zwar, was mir schmeckt, aber selbst kochen kann ich nicht ...

Und hier beginnt mein Part! Die Rezepte in diesem Buch sind schnell zuzubereiten, haben wenige Zutaten und gehören zu der Kategorie „leicht nachzukochen".

Hier einige Richtlinien für die richtige Interpretation der Rezepte. Ich habe versucht, die Zutaten der Rezepte so einfach zu gestallten, dass sie überall zu bekommen sind, nicht nur in urbanen Ballungszentren.
Wenn Sie das eine oder andere nicht bekommen, tauschen Sie es gegen etwas Ähnliches aus. Wenn Ihnen gewisse Zutaten nicht zusagen, müssen Sie nicht gleich das ganze Rezept aus dem Buch reißen. Kochen Sie Dinge, die Ihnen gut schmecken, denn Dinge, die man selbst gerne isst, kocht man besser. Variieren Sie die Zutaten und Beilagen nach Ihrem Geschmack. Rezepte sind nur Anleitungen und keine Gefängnisse. Bis auf Dessertrezepte (bei denen die Grammatur im Allgemeinen wichtig ist) sollten Sie Ihre Kreativität voll zur Geltung kommen lassen.

Ein Beispiel: Ich habe einen Freund, der seit langer Zeit immer wieder das gleiche Fertiggericht zubereitet und dann isst. Es schmeckt ihm aber nicht besonders. Unlängst hat er sich bei mir beschwert, wie fad diese Speise nicht sei. Mein einziger Tipp war, es nachzuwürzen, Salz, Pfeffer und etwas Säure – und zack, auf einmal war es hervorragend. Er hat davor nie darüber nachgedacht, dass man ja auch an einem Fertiggericht noch etwas ändern kann.
Kann man aber.
Und so ist es auch mit Rezepten. Sie sind eine Anleitung, die Sie nicht zu 100 Prozent befolgen müssen. Natürlich können Sie die Rezepte haargenau nachkochen. Die Speisen sind alle von mir hunderte Male zubereitet wurden.

Wie ist das mit den Materialien für das Kochen?
Messer, Pfannen ...?

Ganz einfach:

- Wichtig ist ein scharfes Messer, denn mit einem stumpfen schneidet man sich viel schneller, da der Druck, den man ausüben muss, viel größer ist.
- Empfehlenswert ist eine beschichtete Pfanne. Ein Glück, dass sie erfunden wurde, denn in dieser Pfanne brennt nichts mehr an und man bekommt alles, ohne dass es kleben bleibt, wieder heraus.
- Ein Backrohr.

„Schn

Ach ja: Zusätzlich wichtig sind natürlich die Lust zu kochen und die Liebe zu dieser Tätigkeit.
Wenn Sie anfänglich noch skeptisch sind, ob Sie jemals ein ambitionierter Hobbykoch werden – die Scheu wird sich mit den ersten Erfolgen legen. Und dass Sie mit diesen Rezepten Erfolge feiern, kann ich Ihnen versichern.
Trauen Sie sich viel zu, es wird von Mal zu Mal einfacher.

Viel Spaß und Freude beim Nachkochen.

Ihr Oliver Hoffinger

“: *Wer oder was soll das sein?*

Inhalt

Frühstück

Vormittagssnack

Mittags

Zwischendurch

Abends

Mitternacht

Frühstück

Gratiniertes Beinschinken-Cheddar-Croissant mit Wasabi-Rahm

Schoko-Frenchtoast mit Pignoli-Honig

Prosciutto-Hush-Browns mit Zucchini

Birnen-Blauschimmel-Toast mit Preiselbeer-Chili-Sauce

Passionsfrucht-Mango-Joghurt mit Erdbeermüsli

Orangen-Himbeer-Smoothi mit Minze

Frittata mit Spinat und Streichkäse

Gefüllte Frischkäse-Grilltomate mit Basilikum

Mit Cornflakes und Vanille gratinierte Birnen

Knuspriges Marillenkipferl

Sunny side up-Sandwich

Avokado-Grapefruit-Salat mit Crustini

Kresse-Paprika-Topfen-Sandwich

Pita mit Humus und Sesamtomaten

Caffè Latte „New York“ Style

Heiße Schokolade mit Orangenbrioche

Bananen-Erdbeermüsli-Shake

Parmesan-Kartoffel-Bällchen im Speckhemd

Apfel-Trauben-Salat mit Pekanüssen

Erdbeer-Pancake mit Crème fraîche

Zutaten für 2 Personen

2 Croissants
100 g Beinschinken
50 g Cheddar-Käse
1 EL Butter
3 EL Sauerrahm (saure Sahne)
1 TL Wasabi-Paste
Salz, Pfeffer
Rucola zum Garnieren

Vorbereitung
Die Croissants mit einem Brotmesser halbieren.

So wird's gemacht
1. Die halbierten Croissantstücke in Butter knusprig braten.
2. Mit Beinschinken und anschließend den Käsescheiben belegen.
3. Die belegten Hälften im Rohr bei Oberhitze so lange gratinieren, bis der Käse schmilzt.
4. In der Zwischenzeit den Rahm mit Salz, Pfeffer und Wasabi-Paste vermengen.
5. Die Croissants aus dem Rohr geben.

Anrichten
Die Croissants auf einen Teller geben und mit Rucola dekorieren.

Gratiniertes Beinschinken-Che

Tipp
Wenn man aus 3 Eiern ein Rührei macht (in einer Pfanne mit Olivenöl langsam erhitzen und leicht umrühren), die Croissants damit belegt und mit Schinken und Käse gratiniert: das perfekte Sonntagsfrühstück!

ar-Croissant mit Wasabi-Rahm

Zutaten für 2 Personen
4 Toastscheiben
2 Eier
1/16 l Milch
3 EL Instantkakao
2 EL Butter
3 EL Honig
3 EL Pignoli

Schoko-Frenchtoast mit Pignoli-Honig

Vorbereitung
Die Eier mit der Milch und dem Kakao gut verrühren (am besten mit einem Schneebesen).

So wird's gemacht
1. Die Pignoli trocken in einer Pfanne rösten (ohne Fett).
2. Pignoli in einer Schüssel mit Honig vermengen.
3. In einer Pfanne Butter schmelzen.
4. Die Toastscheiben diagonal halbieren, durch die Eimasse ziehen und in der Butter beidseitig knusprig braten.
5. Auf ein Küchenpapier legen.

Anrichten
Die Toastscheiben auf einen Teller legen und mit dem Pignoli-Honig beträufeln.

Tipp
Man kann statt Pignoli auch Pekanüsse nehmen, die werden besonders knusprig.

Prosciutto-Hush-Browns mit Zucchini

Vorbereitung
Die Kartoffeln am Vortag kochen. Die Zwiebeln schälen.

So wird's gemacht

1. Die Kartoffeln in kleine Scheiben schneiden und in einer Pfanne mit Olivenöl anbraten.
2. Die Zwiebeln in Würfel schneiden und dazugeben.
3. Die Zucchini mit einem Sparschäler längs in Scheiben schneiden.
4. Den Prosciutto in längliche Stücke reißen und mit den Zucchinischeiben zu den Kartoffeln geben.
5. Alles zusammen für 3 min. rösten, salzen und pfeffern.

Anrichten
Die Hush-Browns mit Schnittlauch auf einem Teller servieren.

Zutaten für 2 Personen

6 Blätter Prosciutto
4 mittelgroße gekochte Kartoffeln
1 EL Olivenöl
Salz, Pfeffer
1 rote Zwiebel
2 kleine Zucchini
1 EL geschnittener Schnittlauch

Tipp
Für Kartoffelgerichte, die gebraten werden (Rösti, Schmarren ...), immer festkochende, speckige Kartoffeln verwenden.

Birnen-Blauschimmel-Toast m

Zutaten für 2 Personen

4 Toastscheiben
2 Birnen
1 EL Birnensaft (Apfelsaft)
1 EL Honig
Salz, Pfeffer
1 EL gehackter Thymian
200 g Blauschimmelkäse
3 EL Preiselbeermarmelade
1 Thai-Chili

Vorbereitung

Die Birnen gut waschen, entkernen und in feine Streifen schneiden.

So wird's gemacht

1. Die Birnenscheiben in einer Pfanne mit Honig und Saft erwärmen.
2. Salzen und pfeffern und mit Thymian würzen.
3. In einer Pfanne Butter schmelzen.
4. Den Chili in feine Scheiben schneiden und mit der Preiselbeermarmelade vermischen, ev. salzen.
5. Die Toastscheiben im Toaster zubereiten.

Anrichten

Die Toastscheiben mit dem Blauschimmelkäse, den Birnen und den Chili-Preiselbeeren anrichten.

reiselbeer-Chili-Sauce

Tipp

Wenn man den Toast leicht mit Butter bestreicht, wird er extra knusprig. Das Gericht schmeckt auch herrlich mit Apfel.

Zutaten für 2 Personen

50 g Müsli
4 Erdbeeren
1 Mango
4 Passionsfrüchte
(ev. Passionsfruchtsaft ungesüßt)
200 g Joghurt (1 %)
2 EL Honig

Vorbereitung
Die Mango schälen und entkernen (an beiden Seiten des länglichen Kerns entlangschneiden).

So wird's gemacht

1. Die Passionsfrüchte halbieren und mit einem Löffel das Fruchtfleisch auskratzen.
2. Das Fruchtfleisch mit Honig und dem Joghurt vermengen.
3. Die Erdbeeren waschen und in Scheiben schneiden.

Anrichten
Das Müsli in eine Schüssel geben und mit der Mango und den Erdbeeren belegen, mit dem Joghurt toppen.

Passionsfrucht-

Tipp
Man kann das Müsli natürlich mit allen Früchten, die einem schmecken, zubereiten, wichtig ist für einen vitaminreichen Tagesbeginn nur, dass sie frisch sind.

ngo-Joghurt mit Erdbeermüsli

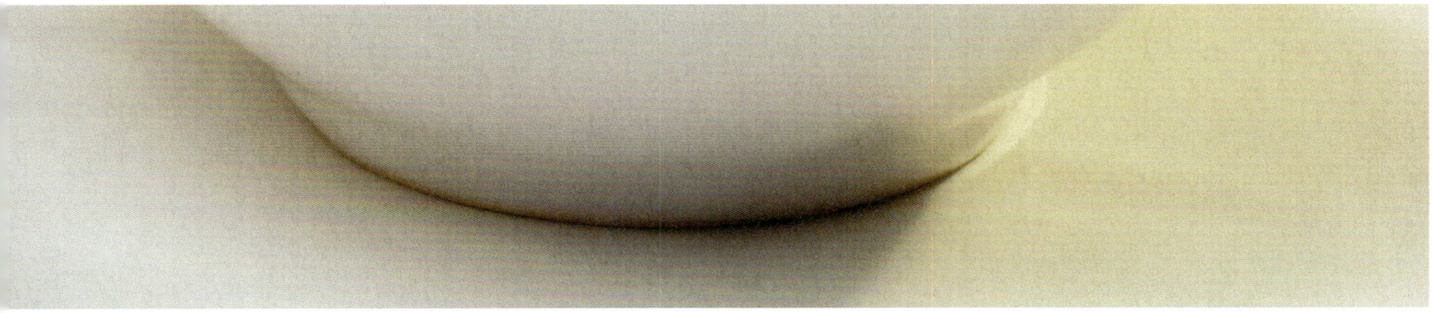

Orangen-Himbeer-Smoothi m

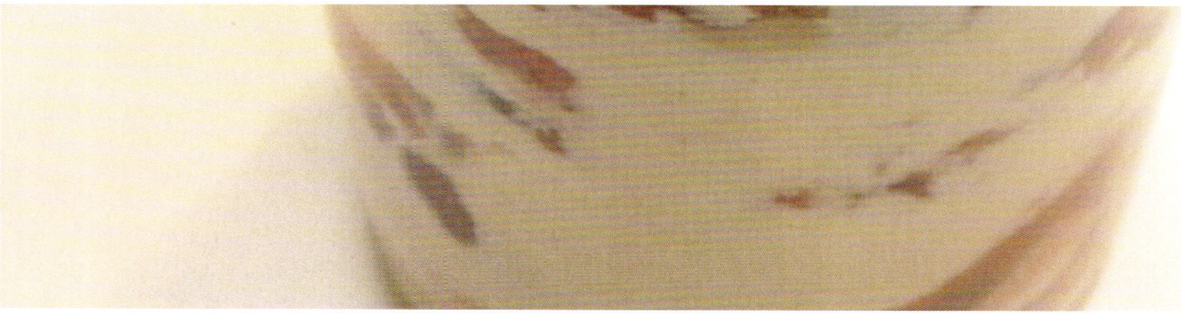

Zutaten für 2 Personen

3 Orangen
100 g Himbeeren (gefroren)
Saft einer ½ Zitrone
200 g Joghurt
3 EL Honig
Minze

Vorbereitung
Die gefrorenen Himbeeren halb antauen lassen.

So wird's gemacht
1. Die Himbeeren mit dem Honig und dem Saft der Zitrone vermischen und alles aufmixen.
2. Die Orangen schälen und in grobe Stücke schneiden, ev. entkernen.
3. Die Orangenstücke mit dem Joghurt in einem Tourmixer aufmixen.

Anrichten
Schichtweise Joghurt und Himbeermark einfüllen, mit frischen Himbeeren und Minze dekorieren.

Minze

Tipp
Im Sommer wird der Smoothi besonders lecker, wenn man Vanilleeis dazugibt.

Zutaten für 2 Personen

5 Eier

4 Stk. Streichkäse

1 EL Sauerrahm (saure Sahne)

50 g frischer Spinat
(ev. Blattspinat gefroren)

Salz, Pfeffer

1 EL Olivenöl

Vorbereitung

Den gefrorenen Spinat auftauen.

So wird's gemacht

1. Die Eier mit dem Sauerrahm, Salz und Pfeffer leicht vermengen.
2. Olivenöl in einer Pfanne heiß werden lassen und die Masse einfüllen.
3. Den Spinat und den Käse dazugeben.
4. Alles im vorgeheizten Rohr bei 190 °C für 10 min. backen.

Anrichten

Die Frittata auf ein Brett stürzen und in Stücke schneiden, ev. mit frischem Spinat dekorieren.

Tipp

Schafkäse statt Streichkäse ist die perfekte Alternative.

ata mit Spinat und Streichkäse

Zutaten für 2 Personen

6 mittelgroße Tomaten
1 EL Olivenöl
Meersalz, Pfeffer
200 g Frischkäse
3 EL gehacktes Basilikum
1 EL Olivenöl
1 EL geriebener Parmesan

Vorbereitung

Den Tomaten im oberen Drittel die Kappe abschneiden, mit einem Löffel aushöhlen, Tomatenfleisch aufbewahren.

So wird's gemacht

1. Das Tomatenfleisch fein hacken und unter den Frischkäse geben, kalt stellen.
2. Die Tomaten mit Meersalz und Pfeffer bestreuen, mit 1 EL Olivenöl beträufeln und auf einem Backblech mit Backpapier im Rohr bei 195 °C für 6 min. grillen.
3. Das Basilikum mit Olivenöl und Parmesan vermischen, ev. salzen.
4. Die Tomaten mit dem Frischkäse füllen.

Anrichten

Die Tomaten mit dem Pesto servieren und mit frischem Basilikum dekorieren.

Gefüllte Fri

Tipp

Schmeckt hervorragend mit Räucherlachs:
Den eingefüllten Frischkäse mit einer Räucherlachsscheibe belegen und am besten noch warm servieren.

käse-Grilltomate mit Basilikum

Zutaten für 2 Personen

2 Birnen
1 EL Vanillepuddingpulver
100 g Crème fraîche
2 EL Honig
ev. Vanilleschote
3 EL Corn1akes

Vorbereitung
Die Crème fraîche mit dem Honig, der ausgekratzten Vanilleschote und dem Puddingpulver vermengen.

So wird's gemacht
1. Die Cornflakes in einer Schüssel zerdrücken.
2. Die Birnen schälen, entkernen und in 1 cm dicke Scheiben schneiden.
3. Die Scheiben in eine feuerfesten Form geben und mit der Crème fraîche-Masse bestreichen.
4. Im vorgeheizten Rohr bei 200 °C für 3 min. gratinieren, bis die Oberfläche schön braun ist.
5. Die Formen aus dem Rohr geben und mit den zerkleinerten Cornflakes bestreuen.

Anrichten
Die Birnen vorsichtig aus der Form auf einen Teller heben oder direkt aus der Form essen.

Mit Cornflakes und Vanille gratinierte Birnen

Tipp
Man kann statt Birnen auch Pfirsiche verwenden.

Knuspriges Marillenkipferl

Zutaten für 2 Personen

2 mürbe Kipferl (Hörnchen)
3 getrocknete Marillen (Aprikosen)
1 EL Milch
2 EL Marillenmarmelade
2 EL gehobelte Mandeln
4 Strudelteigblätter
2 EL Butter

Vorbereitung

Die Kipferl in kleine Würfel schneiden und mit der Milch beträufeln.

So wird's gemacht

1. Die Marillen mit einem Messer klein hacken, mit den eingelegten Kipferln vermischen.
2. Die Mandeln in einer Pfanne ohne Fett braun rösten, mit der Marmelade zu der Masse geben.
3. Die Masse auf die Strudelteigblätter streichen und wie einen Strudel einrollen.
4. Mit der Butter bestreichen und im vorgeheizten Rohr bei 170 °C für 6 min. backen.
5. Den Speck zurechtschneiden und darauf geben, mit Ei belegen.

Anrichten

Die Strudeln aus dem Rohr geben, ev. mit Staubzucker bestreuen und heiß servieren.

Tipp

Funktioniert natürlich genauso mit anderen Früchten.

Zutaten für 2 Personen

2 Eier
1 EL Olivenöl
4 Scheiben Speck
6 Scheiben Toast
100 g Schafkäse
2 Salatblätter
2 Tomaten
2 EL Butter
Salz, Pfeffer

Vorbereitung
Die Toastscheiben mit Butter bestreichen und im Toaster toasten.

So wird's gemacht

1. Die Eier und die Speckscheiben in einer Pfanne mit Olivenöl langsam braten. Warm stellen.
2. Die Tomaten in Scheiben schneiden und mit Salz und Pfeffer würzen.
3. Zwei Toastscheiben mit Schafkäse belegen, salzen und pfeffern.
4. Toastscheibe darauf legen und mit den Tomaten und Salat belegen.
5. Den Speck zurechtschneiden und darauf geben, mit Ei belegen.

Tipp
Ich bin eigentlich kein Ketchup-Freund,
zu diesem Gericht passt es aber sensationell.

Sunny side up-Sandwich

Zutaten für 2 Personen

6 Brotscheiben
1 Knoblauchzehe
1 EL Butter
1 Avocado
1 Grapefruit
8 Blätter Kopfsalat
Salz, Pfeffer
2 EL Olivenöl
Kresse
Salz, Pfeffer

Vorbereitung
Die Brotscheiben mit einer halbierten Knoblauchzehe abreiben, mit Butter bestreichen und im Rohr bei 110 °C knusprig backen.

So wird's gemacht
1. Die Avocado schälen und in Scheiben schneiden, in eine Schüssel geben.
2. Die Grapefruit schälen und in Filetstücke schneiden, mit dem entstandenen Saft zur Avocado geben.
3. Salzen und pfeffern, die Salatblätter waschen und in kleine Stücke reißen, in die Schüssel geben.
4. Das Öl dazugeben und alles für 2 min. marinieren lassen.

Anrichten
Den Salat auf Tellern anrichten, mit den Crustini und Kresse servieren.

Av

Tipp
Wenn Avocados noch nicht reif genug sind (zu fest), in Zeitungspapier wickeln und an einem warmen Platz lagern, bis sie die richtige Reife haben.

do-Grapefruit-Salat mit Crustini

Zutaten für 2 Personen

6 Scheiben Vollkornbrot
150 g Topfen (Quark) (20 %)
2 EL gehackte grüne Paprika
2 EL gehackte rote Paprika
1 EL gehackte gelbe Paprika
1 EL Paprikapulver
1 Prise Cayennepfeffer
Salz
Kresse

Vorbereitung
Die Paprika hacken.

So wird's gemacht

1. Den Topfen mit den frischen Paprikawürfeln, dem Paprikapulver, Salz und Cayennepfeffer vermischen.
2. Die Brotscheiben mit der Paste bestreichen.
3. Mit einer weiteren Brotscheibe belegen und andrücken.

Anrichten
Die Brotscheiben diagonal halbieren und mit Kresse auf einem Teller anrichten.

Tipp
Dieses Gericht ist sehr kalorienarm.
Wer es gern ein wenig reichhaltiger mag, kann etwas zerlassene Butter zu der Topfenmasse geben.

sse-Paprika-Topfen-Sandwich

Pita mit Humus und Sesamto

Zutaten für 2 Personen

200 g Dosen-Kichererbsen (oder frisch gekocht)
1 EL Sesampaste (aus dem Asiashop)
¼ l Gemüsefond
Salz, Pfeffer
3 EL Olivenöl
Saft einer halben Zitrone
2 Tomaten
Sesam
1 EL Sesamöl
Petersilie
4 Pitabrote

Vorbereitung
Die Kichererbsen über Nacht in Wasser einlegen und dann langsam weich kochen. Oder Dosen-Kichererbsen benutzen.

So wird's gemacht
1. Die Kichererbsen mit 2 EL Olivenöl, Gemüsefond, Zitronensaft und Salz mit einer Küchenmaschine aufmixen.
2. Wenn die Masse zu fest ist, etwas Wasser dazugeben.
3. Die in Scheiben geschnittenen Tomaten mit Salz und Sesamöl marinieren.
4. Das Pitabrot im Rohr bei 120 °C erhitzen.

Anrichten
Die Tomaten mit dem Humus auf einem Teller anrichten, mit Olivenöl beträufeln und mit Petersilie und Sesam dekorieren, mit Pitabrot servieren.

en

Tipp
Humus hält sehr gut im Kühlschrank. In eine Schüssel geben und mit Olivenöl bedecken, mit Klarsichtfolie abschließen.

Zutaten für 2 Personen

300 ml Milch

2 Espressi

1 Prise Kakaopulver

1 Prise geriebener Zimt

1 Prise Vanillezucker

Vorbereitung

Die Milch erhitzen.

So wird's gemacht

1. Die erhitzte Milch aufschäumen, am besten mit einem Milchschäumer (es funktioniert aber auch mit einem Schneebesen).
2. Die Espressi zubereiten.
3. In 2 Gläser die Milch mit Schaum eingießen.
4. Die Espressi langsam darüber gießen (so entstehen die Schichten), mit Milchschaum bedecken.
5. Mit Vanillezucker, Zimt und Kakao bestreuen.

Tipp

Vanillezucker kann man leicht selber machen:
Einfach Kristallzucker mit ausgekratzten Vanilleschoten in ein Glas geben und gut verschließen.

Caffè Latte „New York" Style

Zutaten für 2 Personen

½ l Milch

100 g Schokolade (min. 70 % Kakaoanteil)

4 Briochescheiben (oder vom Striezel)

1 Orange

2 EL Butter

1 Prise Zimt gemahlen

So wird's gemacht

1. Die Orangenschale abreiben.
2. Die Briochescheiben mit Orangensaft beträufeln und mit Zimt bestreuen.
3. Die Orangenschalen mit der Butter erhitzen und die Briochescheiben darin beidseitig knusprig braten.
4. Die Milch mit der Schokolade aufkochen.

Anrichten

Die Schokolade aufmixen, mit einem Stabmixer aufschäumen und in Gläser füllen. Mit der Brioche servieren.

Heiße Schokolade mit Orangenbrioche

Tipp

Mit ein bisschen Chili und Rum schmeckt die Schokolade noch besser.

Bananen-Erdbeermüsli-Shake

Vorbereitung
Die Erdbeeren waschen, entstielen und die Banane schälen.

So wird's gemacht
1. Die Erdbeeren und die Banane in kleine Stücke schneiden.
2. In einen Tormixer geben.
3. Das Joghurt, den Honig und das Eis dazugeben.
4. Mixen.

Anrichten
Den Shake mit dem Müsli vermischen und in Gläser füllen.

Zutaten für 2 Personen

1 Banane
100 g Erdbeeren
4 EL Müsli
200 g Joghurt (1 %)
3 EL Honig
1 EL Vanilleeis

Tipp
Der Shake schmeckt natürlich mit andern Früchten auch gut.
Mein Tipp: Passionsfrucht!

Zutaten für 2 Personen

1 Pkg. Kartoffelknödelpulver
1 Eidotter
100 g Parmesan
4 Scheiben Frühstücksspeck
1 Handvoll Rucola
1 EL Balsamico
2 EL Olivenöl
Salz, Pfeffer

Parmesan-

Vorbereitung
Aus dem Kartoffelknödelpulver laut Packungsangabe Teig zubereiten.

So wird's gemacht

1. Die Hälfte des geriebenen Parmesans unter die Teigmasse mischen. Salzen und pfeffern.
2. Aus der Masse Bällchen formen und die Bällchen mit Speck umwickeln.
3. Die Bällchen in 1 EL Olivenöl knusprig braten.
4. Den Rucola mit 1 EL Balsamico, Olivenöl, Salz, Pfeffer und Parmesan vermischen.

Anrichten
Den Salat in eine Schüssel geben und mit den Bällchen servieren.

Tipp
Besonders gut schmeckt es, wenn man statt Speck Prosciutto nimmt. Dann aber nicht zu lange braten, da er sonst zu trocken wird.

rtoffel-Bällchen im Speckhemd

Apfel-Trauben-Salat mit Pekan

Zutaten für 2 Personen

2 Äpfel (Elstar)
100 g Trauben
2 EL Honig
50 g Pekanüsse
1/16 l Apfelsaft

Vorbereitung
Die Pekanüsse mit 1 EL Honig in einer Pfanne kurz karamellisieren.

So wird's gemacht

1. Die Äpfel waschen und das Kerngehäuse entfernen, in Scheiben schneiden.
2. Die Trauben waschen und halbieren.
3. Den Apfelsaft mit 1 EL Honig vermengen.
4. Die Äpfel und Trauben mit dem Saft marinieren.

Anrichten
Den Salat mit den Pekanüssen in einer Schüssel anrichten.

Tipp
Je länger man den Salat durchmarinieren lässt, umso besser schmeckt er.

Zutaten für 2 Personen

4 Eier
70 g Mehl
100 g Milch
2 EL Zucker
2 EL Butter
200 g Erdbeeren
2 EL Honig
Saft einer ½ Zitrone
4 EL Crème fraîche

Vorbereitung
Aus Milch, Eier, Mehl und Zucker mit einem Schneebesen einen glatten Teig zubereiten. 10 min. rasten lassen.

So wird's gemacht

1. In einer Anti-Haft-beschichteten Pfanne Butter schmelzen lassen.
2. Den Teig eingießen und beidseitig backen.
3. Punkt 1–2 wiederholen, bis der Teig aufgebraucht ist. Warm stellen.
4. Die Erdbeeren waschen, vierteln und mit dem Honig und dem Zitronensaft vermischen.

Anrichten
Die heißen Pancakes mit den Erdbeeren und der Crème fraîche servieren.

Tipp
Statt Honig kann man auch Ahornsirup verwenden.

eer-Pancake mit Crème fraîche

Vormittagssnack

Tomaten-Schafkäse-Salat mit Pumpernickel

Glasnudeln mit Honighuhn und Erdnüssen

Geeiste Gurkensuppe mit Zitronen-Räucherlachs

Melonen-Serrano-Salat mit Pecorino und Grissini

Caprese-Frenchtoast mit Pesto

Grüner Spargel mit Kichererbsen und Paprikavinaigrette

Rucolaschaumsuppe mit Parmesanchips

Thaireis mit Gemüse und Garnelen

Brotsalat mit Mozzarella und Salbei-Tomaten

Orangen mit Basilikum-Honig und Brioche

Zutaten für 2 Personen

6 Kirschtomaten
3 Scheiben Pumpernickel
150 g Schafkäse
2 EL Olivenöl
2 EL Weißweinessig
1 Handvoll Friséesalat
½ gelbe Paprika
¼ Salatgurke
Thymian
Petersilie
Salz, Pfeffer

Vorbereitung

Das Gemüse und den Salat waschen.

So wird's gemacht

1. Die Kirschtomaten halbieren und in eine Schüssel geben, einige mit einer Gabel zerdrücken.
2. Die Gurke mit einem Sparschäler längs in dünne Scheiben schneiden.
3. Die Paprika in feine Streifen schneiden.
4. Das Gemüse in die Schüssel mit den Tomaten geben, mit Essig, Salz und Pfeffer würzen.
5. Den Salat putzen und in kleine Stücke brechen, dazugeben.
6. Die Kräuter zu dem Salat geben und für 3 min. marinieren lassen.
7. Den Käse in gleich große Stücke brechen und untermengen.
8. Das Olivenöl hinzufügen.

Anrichten

Den Salat mit dem in kleine Stücke geschnittenen Pumpernickel servieren.

Tomaten-

Tipp

Besonders aromatisch wird der Salat, wenn man den Thymian in Olivenöl erhitzt und mit dem Öl untermischt.

afkäse-Salat mit Pumpernickel

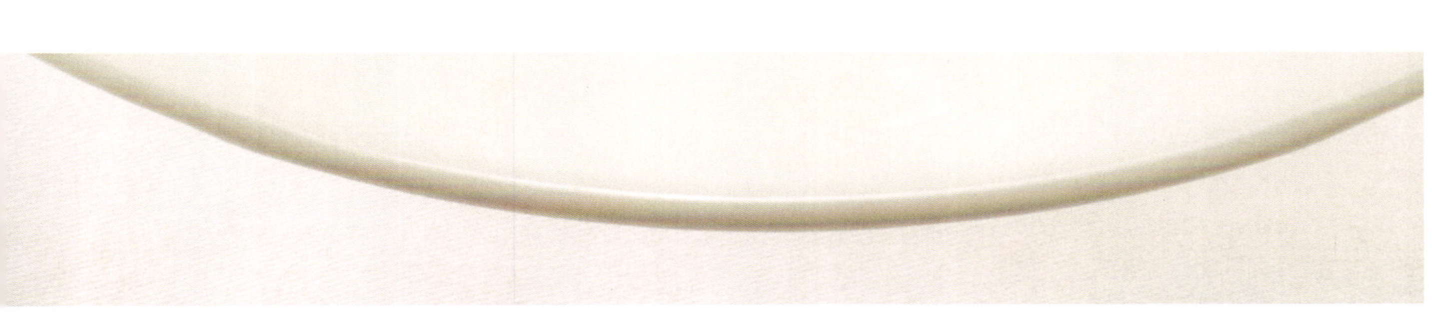

Glasnudeln mit Honighuhn un

Zutaten für 2 Personen

½ Pkg. Glasnudeln
1 große Hühnerbrust (ca. 150 g)
2 EL Honig
Salz, Pfeffer
2 EL Sesamöl
20 g rote Paprika
4 Erbsenschoten
1 Jungzwiebel
2 EL Sojasauce
Saft einer halben Limette
1 EL gehackter Koriander
3 EL gehackte Erdnüsse

Vorbereitung
Die Hühnerbrust mit Salz, Pfeffer und Honig marinieren.

So wird's gemacht
1. Die Hühnerbrust in Sesamöl langsam beidseitig je 4 min. braten. Warm stellen.
2. In der Zwischenzeit die Glasnudeln laut Packungsangabe zubereiten, wichtig: nicht abschrecken.
3. Die Paprika, Erbsenschoten und die Jungzwiebel in feine Streifen schneiden und in 1 EL Sesamöl anbraten.
4. Mit Sojasauce ablöschen, Limettensaft dazugeben und unter die Nudeln mischen.
5. Den Koriander dazugeben.

Anrichten
Die Nudeln in Teller anrichten und mit der in Scheiben geschnittenen Hühnerbrust belegen, mit Erdnüssen und Koriander dekorieren.

rdnüssen

Tipp
Je länger man die Hühnerbrust mariniert, umso intensiver schmeckt sie.

Zutaten für 2 Personen

1 Salatgurke
¼ l Gemüsefond (kalt)
100 g Joghurt
Salz, Pfeffer
1 Zitrone (unbehandelt)
70 g Räucherlachs
1 EL Olivenöl

Geeiste Gurken

Vorbereitung
Die Gurke zur Hälfte schälen und in kleine Stücke schneiden, kühlen.

So wird's gemacht

1. 2 Gurkenschalen aufheben.
2. Die Gurkenstücke mit Gemüsefond, Joghurt, Salz, Pfeffer und dem Saft einer ½ Zitrone in einen Tormixer geben. Aufmixen.
3. Den Räucherlachs mit der in Scheiben geschnittenen halben Zitrone und Pfeffer marinieren.
4. Die Gurkenschalen in sehr feine Streifen schneiden.

Anrichten
Die kalte Suppe am besten in gekühlte Teller füllen und die Lachsscheiben mit den Zitronen dazugeben. Mit Gurkenstreifen und Olivenöl dekorieren.

Tipp
Die Suppe schmeckt noch besser, wenn man die Hälfte des Joghurts mit Crème fraîche ersetzt, sie hat dann aber mehr Kalorien.

ppe mit Zitronen-Räucherlachs

Zutaten für 2 Personen

150 g Wassermelone
8 Scheiben Serranoschinken
50 g Pecorino
2 EL Olivenöl
Salz, Pfeffer
1 EL Balsamico
1 Handvoll Rucola
10 Grissini

Vorbereitung
Den Rucola waschen, die Wassermelone in Scheiben schneiden und entkernen.

So wird's gemacht
1. Den Rucola mit Salz, Pfeffer und grob geriebenem Pecorino vermischen.
2. Balsamico und Olivenöl dazugeben und gut durchmischen.

Anrichten
Den Salat mit den Melonenscheiben in Schüsseln anrichten und mit den Schinkenscheiben und den Grissini belegen.

Melonen-Serra

Tipp
Im Sommer wir der Salat besonders erfrischend,
wenn man die Melonenscheiben kurz ins Tiefkühlfach legt.

Salat mit Pecorino und Grissini

Caprese-Frenchtoast mit Pesto

Zutaten für 2 Personen

8 Toastscheiben
2 Eier
2 Mozzarella
2 Tomaten
3 EL gehacktes Basilikum
5 EL Olivenöl
2 EL Parmesan
1 EL gehackte Pignoli
Salz, Pfeffer

Vorbereitung
Das gehackte Basilikum mit Parmesan, Pignoli und 3 EL Olivenöl vermischen, pfeffern.

So wird's gemacht
1. Den Mozzarella und die Tomaten in Scheiben schneiden.
2. Die Toastscheiben mit Mozzarella und Tomatenscheiben belegen, Toastscheibe darauf.
3. Die Eier mit Salz und Pfeffer würzen und verquirlen.
4. Die Toasts durch das Ei ziehen und in einer Pfanne mit Olivenöl beidseitig knusprig braten.
5. Auf einem Küchenpapier abtupfen.

Anrichten
Die Toasts halbieren und mit dem Pesto servieren, ev. mit frischem Basilikum dekorieren.

Tipp
Am besten schmeckt es, wenn man Büffelmozzarella nimmt, der ist aber auch um einiges teurer.

Zutaten für 2 Personen

150 g grüner Spargel
100 g Kichererbsen (gekocht)
½ gelbe Paprika
½ rote Paprika
2 EL Sherryessig
2 EL Walnussöl
Salz, Pfeffer
2 Salatblätter
Petersilie

20

8

Vorbereitung
Salzwasser zum Kochen bringen.

So wird's gemacht
1. Den Spargel in Salzwasser knackig kochen.
2. In kaltem Wasser abschrecken.
3. Den Paprika in kleine Würfel schneiden und in einer Pfanne mit Walnussöl anbraten.
4. Die Kichererbsen dazugeben und mit Essig ablöschen, mit Salz und Pfeffer würzen.
5. Den Spargel dazugeben und alles kurz erwärmen.

Anrichten
Die Salatblätter auf Teller geben und mit dem Spargelsalat übergießen.
Mit Petersilie dekorieren.

Grüner Spargel mit Ki

Tipp
Wenn man eine größere Menge zubereitet und den Salat kühlt, hält er 3 bis 4 Tage, kurz vor dem Essen nur leicht erwärmen.

rerbsen und Paprikavinaigrette

Zutaten für 2 Personen

2 Handvoll Rucola
1 EL Butter
½ Zwiebel
¼ l Weißwein
½ l Gemüsefond
¼ l Obers (Sahne)
Salz, Pfeffer
200 g Parmesan (gerieben)

Vorbereitung

1. Den geriebenen Parmesan in eine beschichtete Pfanne streuen und anbraten bis er schmilzt und leicht bräunt.
2. Die Pfanne ein wenig abkühlen lassen, den Parmesanchip wenden und die andere Seite bräunen.
3. Aus der Pfanne geben und von vorne beginnen.

So wird's gemacht

1. Die Butter in einem Topf schmelzen lassen und die in kleine Würfel geschnittene Zwiebel anschwitzen.
2. Mit Weißwein ablöschen und den Fond und das Obers dazugeben.
3. Alles für 8 min. köcheln lassen.
4. Salzen und pfeffern.
5. Den Rucola dazugeben und mit einem Stabmixer schaumig mixen.

Anrichten

Die Suppe in große Espressotassen füllen,
die Chips in kleinen anrichten.

Rucolas

Tipp

Den Ansatz der Suppe (bis zu dem Punkt „Rucola dazugeben") nennt man eine Grundsuppe. Aus ihr kann man x-beliebige Suppen herstellen (Zucchini-, Kräutersuppe etc.)

aumsuppe mit Parmesanchips

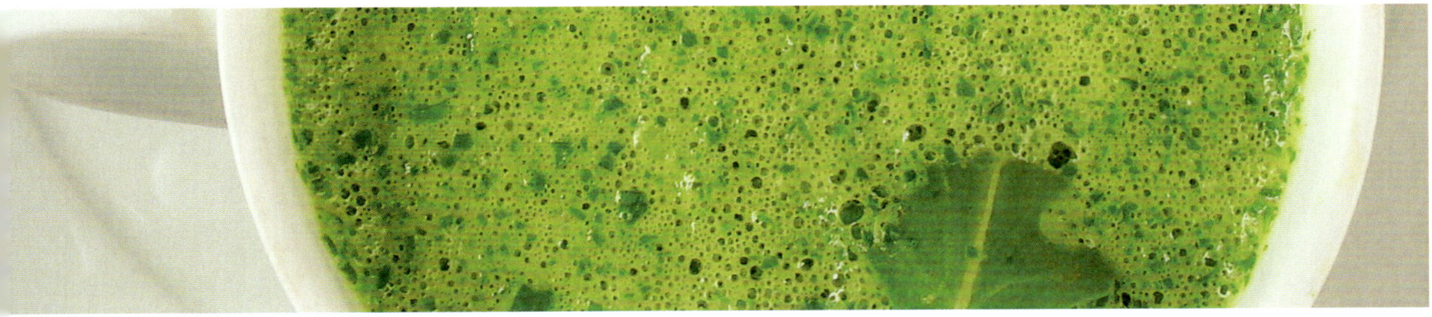

Zutaten für 2 Personen

1 Tasse Jasminreis
2 Tassen Wasser
8 Garnelen (geschält)
1 EL Sesamöl
10 Erbsenschoten
2 Jungzwiebeln
½ rote Paprika
4 Kirschtomaten
1 Chili
Sesam
2 EL Sojasauce
Koriander

Vorbereitung

Den Reis laut Packungsangabe zubereiten.

So wird's gemacht

1. Die Garnelen in einem Wok (oder normaler Pfanne) mit Sesamöl scharf anbraten.
2. Die Erbsenschoten, Paprika und Jungzwiebel fein schneiden.
3. Das Gemüse zu den Garnelen geben und mit Sojasauce ablöschen. Von der Flamme nehmen.
4. Die Kirschtomaten halbieren und den Chili klein schneiden.
5. Beides zum Garnelengemüse geben, kurz durchschwenken.
6. Den Koriander dazugeben.

Anrichten

Den heißen Reis in eine Schüssel geben
und mit dem Garnelengemüse belegen.

Tipp

Es wird bei diesem Gericht absichtlich nicht mit Salz und Pfeffer gewürzt, im Normalfall sind Sojasauce und Chili genug Würze.

reis mit Gemüse und Garnelen

Zutaten für 2 Personen

8 Scheiben altes Ciabatta
1 EL Butter
2 Mozzarella
8 Kirschtomaten
3 Salbeiblätter
1 Handvoll gem. Salat
2 junge Knoblauchzehen
Salz, Pfeffer
1 EL Balsamico
2 EL Olivenöl

Vorbereitung
Die Brotscheiben mit einem halbierten Knoblauch abreiben, mit Butter bestreichen und im Rohr bei 110 °C knusprig backen.

So wird's gemacht
1. Die Kirschtomaten halbieren und mit dem Salbeiblättern und 2 EL Olivenöl in einer Pfanne kurz erhitzen.
2. Den Balsamico dazugeben und abkühlen lassen.
3. Den Mozzarella in Scheiben schneiden.
4. Den Salat mit den Tomaten und der Marinade marinieren.

Anrichten
Den Salat auf Tellern anrichten und die Crustinis dazugeben.

Brotsalat m

Tipp
Wenn man viel von dieser Tomatenmarinade herstellt, in Gläser füllen und im Kühlschrank aufbewahren, dann hat man immer eine tolle Salatmarinade oder Pastasauce.

Mozzarella und Salbei-Tomaten

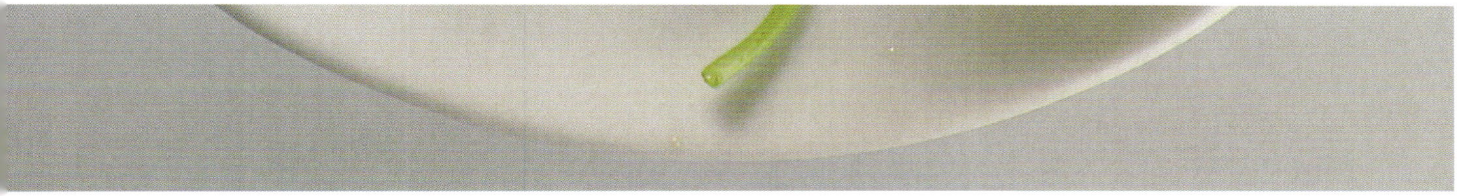

Zutaten für 2 Personen

2 Orangen (unbehandelt)
4 Briochescheiben
4 EL Honig
10 Basilikumblätter
3 EL Butter

Vorbereitung

Den Honig erwärmen, die Basilikumblätter, bis auf zwei, in Streifen schneiden und zum Honig geben. Abkühlen lassen.

So wird's gemacht

1. Die Orangen schälen und in Scheiben schneiden.
2. Die Brioche mit einem Glas zu Scheiben ausstechen und in einer Pfanne mit Butter beidseitig knusprig braten.

Anrichten

Die Orangenscheiben mit dem Brioche schindelartig auf einem Teller anrichten und mit dem Honig beträufeln, mit Basilikum dekorieren.

Orangen

Tipp

Besonders fein schmeckt dieses Gericht, wenn man die Orangen für 2 Stunden mit dem Basilikum-Honig mariniert.

Basilikum-Honig und Brioche

Mittags

In Limette gebratener Kabeljau mit grünem Curry

Hühnerbrust mit Rosmarin und Cesars Tomatensalat

Rinderhüfte in Senfsauce mit Gurkennudeln

Fish and Chips

Ofengemüse mit Frischkäse und Rosmarin

Heilbutt aus dem Papier

Risotto mit Pilzen, Kräutern und knusprigem Chili-Parmesan

Lammsauté mit jungem Knoblauch und Aubergine

Tagliatelle mit Speck, Erbsen und Eiervinaigrette

Acht-Minuten-Pasta

In Limette gebr

Zutaten für 2 Personen

2 Kabeljaufilets à 110 g
1 Limette
Salz
3 EL Olivenöl
1 Chili
1 Zucchini
6 Cocktailtomaten
1 Karotte
10 Erbsenschoten
½ Salatgurke
1 EL grüne Currypaste
⅛ l Kokosmilch

Vorbereitung

Die Karotte schälen. Den Kabeljau gegebenenfalls entgräten.

So wird's gemacht

1. Den Kabeljau auf eine geölte Alufolie legen, mit Salz würzen und mit der Hälfte der in Scheiben geschnittenen Limette belegen.
2. Für 10 min. ins vorgeheizte Rohr bei 185 °C geben.
3. Die Karotte und die Gurke mit dem Sparschäler längs in Scheiben schneiden.
4. In 2 EL Olivenöl die gewaschenen Cocktailtomaten anbraten, die halbierten Erbsenschoten dazugeben.
5. Die Zucchini und den Chili in Scheiben schneiden und auch dazugeben.
6. Das angebratene Gemüse mit Kokosmilch ablöschen und die Currypaste dazugeben.
7. Karotten und Gurkenscheiben sowie die restliche halbe Limette einlegen. 1 min. köcheln lassen.
8. Den Fisch aus dem Rohr geben.

Anrichten

Das Gemüse mit dem Fisch in tiefen Tellern anrichten.

Tipp

Dieses Gericht funktioniert natürlich auch mit gelbem und rotem Curry und mit anderen Fischen, sie sollten aber Eigengeschmack haben, da sonst der Curry alles übertönt.

ner Kabeljau mit grünem Curry

Zutaten für 2 Personen

2 Hühnerbrüste à 120 g
1 Rosmarinzweig
1 EL Olivenöl
Salz, Pfeffer
1 Kopfsalat
2 EL geriebener Parmesan
2 EL Joghurt
1 EL Olivenöl
2 Toastscheiben
8 Cocktailtomaten
20 g Parmesan (Deko)

20

8,50

Vorbereitung
Die Toastscheiben in grobe Stücke schneiden und in Olivenöl knusprig braten, auf einem Küchenpapier abtropfen lassen.

So wird's gemacht
1. Die Hühnerbrüste mit Salz und Pfeffer würzen und mit dem Rosmarinstamm in Olivenöl beidseitig je 5 min. braten.
2. Das Joghurt mit dem Parmesan, Salz und Pfeffer vermischen.
3. Die Tomaten waschen und vierteln.
4. Den Salat putzen, in mundgerechte Stücke reißen und waschen.
5. Den Salat mit dem Parmesandressing und den Tomaten vermischen.

Anrichten
Die Hühnerbrüste mit dem Salat und den Toaststücken auf einem Teller anrichten und mit gehobeltem Parmesan dekorieren.

Hühnerbrust mit Ro

Tipp
Dieses Gericht schmeckt auch toll mit kurz gebratenem Rindfleisch.

...arin und Cesars Tomatensalat

Zutaten für 2 Personen

4 Stk. Rinderhüftsteak à 70 g

1/16 l Rotwein

1 EL Crème fraîche

2 EL Butter

Salz, Pfeffer

300 g Salatgurke

1 EL gehackter Thymian

Vorbereitung

Die Salatgurke längs in Scheiben schneiden und danach in gleich große schmale Stifte.

So wird's gemacht

1. Die Gurkenstifte in Salzwasser kurz aufkochen und dann in Eiswasser abschrecken.
2. Die Steaks mit Salz und Pfeffer würzen.
3. In einer Pfanne mit Olivenöl beidseitig je 2 min. scharf anbraten.
4. Aus der Pfanne nehmen und dieselbe Zeit, die sie in der Pfanne waren, in Alufolie auf einem warmen Platz rasten lassen.
5. Den Bratenrückstand in der Pfanne mit Rotwein ablöschen, den Senf dazu geben und mit Butter und Crème fraîche verfeinern.
6. Die Gurken und den Thymian dazugeben und erwärmen.

Anrichten

Die Gurken auf Teller anrichten, die Steaks darauf anrichten, die Sauce darauf und mit Thymian dekorieren.

Rinderhüf

Tipp

Noch besser lässt man das Fleisch im Rohr auf einem Gitter mit einem Blech darunter (sonst ist der Saft im Rohr) bei 70 °C rasten. Ist aber viel aufwendiger.

n Senfsauce mit Gurkennudeln

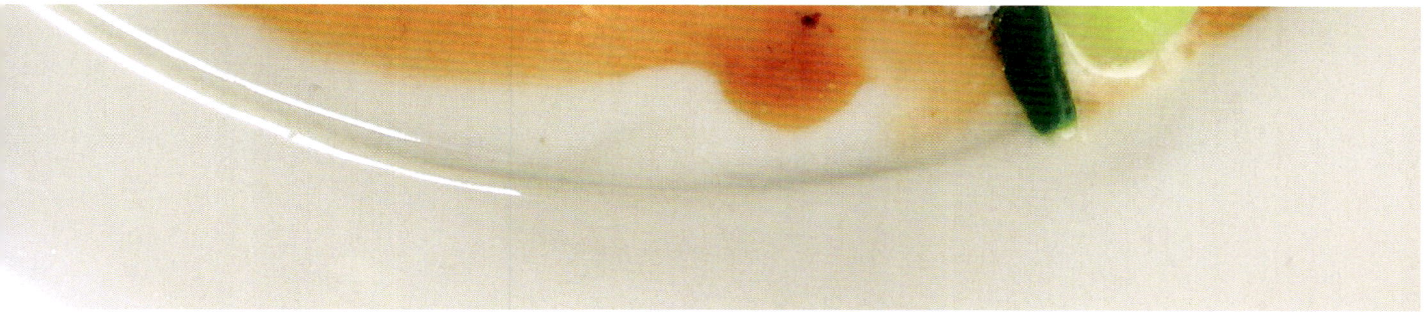

Fish and Chips

Zutaten für 2 Personen

250 g Fischfilet (z.B. Seelachs)
2 Eier
5 EL Mehl
⅛ l Wasser
Salz, Pfeffer
1 Zitrone
3 große Kartoffeln
2 EL Olivenöl
¼ l Speiseöl

Vorbereitung

1. Die Kartoffeln gut waschen und in breite Stifte schneiden.
2. Im heißen Speiseöl kurz frittieren.
3. Aus dem Fett geben, abkühlen lassen.

So wird's gemacht

1. Die Fischfilets mit Salz und Pfeffer würzen.
2. Die Eier mit Mehl und Milch zu einem Teig vermischen.
3. Die Fischfilets durch die Masse ziehen und in einer Pfanne mit Olivenöl beidseitig knusprig braten (nicht zu schnell, der Fisch soll durch sein).
4. Auf ein Backblech mit Backpapier legen und im Rohr bei 100 °C warm halten.
5. Die Chips erneut im Fett herausfrittieren. Diesmal bis sie knusprig und braun sind.

Anrichten

Die Fischfilets aus dem Rohr geben und mit den Chips auf einem Teller anrichten, mit Zitrone servieren.

Tipp

Dazu passt, wem es nicht zu fett ist, perfekt Sauce Tartar.

Zutaten für 2 Personen

1 Aubergine
1 Fenchel
1 Karotte
10 Kirschtomaten
1 Zucchini
1 gelbe Paprika
2 EL Olivenöl
1 EL Balsamico
2 Rosmarinzweige
1 Radicchio lungo
Salz, Pfeffer
4 EL Frischkäse

Vorbereitung

Das Gemüse schneiden, es sollte nicht zu dünn geschnitten sein, am besten in 2–3 cm dicke Streifen.

So wird's gemacht

1. Eine feuerfeste Form mit Olivenöl benetzen.
2. Salzen, pfeffern, Rosmarin und den Balsamico dazugeben.
3. In diese „Marinade" das Gemüse geben und gut durchmischen.
4. Die Form in das vorgeheizte Rohr bei 190 °C geben.
5. Nach 5 Minuten alles wenden, den Vorgang alle 5 min. wiederholen.
6. Wenn das Gemüse gar und schön braun ist, aus dem Rohr geben.

Anrichten

Das Gemüse auf Tellern anrichten, mit Frischkäse belegen und mit dem Saft beträufeln.

Ofengem

Tipp

Wenn man dieses Gemüse in Rexgläser füllt und kühlt, ist es eine wunderbare Antipasti-Vorspeise.

e mit Frischkäse und Rosmarin

Zutaten für 2 Personen

2 Heilbuttfilets
1 Zucchini
1 Zitrone
20 g Spinat
1 Karotte
½ gelbe Paprika
8 kleine Tomaten
Salz, Pfeffer
2 EL Olivenöl

Vorbereitung

2 Bögen mit 30 x 30 cm Backpapier ausschneiden.

So wird's gemacht

1. Die Karotte schälen und in feine Scheiben schneiden.
2. Das restliche Gemüse ebenfalls sehr fein schneiden, da es im Papier wenig Zeit hat, gar zu werden.
3. Den Fisch und das Gemüse zentriert auf das Papier legen.
4. Mit Salz und Pfeffer würzen.
5. Die Zitrone in Spalten schneiden und auf das Gemüse legen.
6. Das Papier zu einem Spitz zusammenfalten (sieht dann aus wie ein Spitzhut)
7. Oben mit einem Küchengarn zusammenbinden.
8. Auf ein Backblech geben und im vorgeheizten Rohr bei 185 °C für 15–20 min. backen.

Anrichten

Die Papierhüte aus dem Rohr geben und auf Teller legen, erst vor dem Essen aufschneiden.

Tipp

Wenn man kein Bac<papier hat, kann man auch Alufolie verwenden. Den Fisch zum Essen aber aus der Alufolie geben.

Heilbutt aus dem Papier

Risotto mit Pilzen, Kräutern und

Zutaten für 2 Personen

1 Tasse Risottoreis
1 EL Olivenöl
1 weiße Zwiebel
⅛ l Weißwein
½ l Gemüsefond
150 g gemischte Pilze
1 EL geschnittene Petersilie
Thymian
2 EL Butter
300 g geriebener Parmesan
1 Chili

Vorbereitung

1. 200 g geriebenen Parmesan in eine beschichtete Pfanne streuen und anbraten, bis er schmilzt und leicht bräunt. Geschnittenen Chili dazugeben.
2. Die Pfanne ein wenig abkühlen lassen, den Parmesanchip wenden und die andere Seite bräunen.

So wird's gemacht

1. Die in Würfel geschnittene Zwiebel in Olivenöl anschwitzen, den Risottoreis dazugeben.
2. Mit Weißwein ablöschen und $\frac{1}{16}$ l Gemüsefond dazugeben, umrühren.
3. Langsam einkochen und immer wieder mit Fond aufgießen, umrühren.
4. Die Pilze in Spalten schneiden und mit den Kräutern dazugeben.
5. Nach ca. 17 min. die Butter und den restlichen Parmesan dazugeben, umrühren und für 1 min. rasten lassen.

Anrichten

Den Risotto auf einem Teller anrichten und mit dem Parmesanchip dekorieren.

usprigem Chili-Parmesan

Tipp

Besonders reichhaltig schmeckt der Risotto, wenn man getrocknete Steinpilze dazugibt.

Zutaten für 2 Personen

250 g Lammkeule
¼ l Rotwein
¼ l Rindsuppe
1 rote Zwiebel
4 junge Knoblauchzehen
Salz, Pfeffer
2 EL Olivenöl
1 Aubergine
2 EL Butter
1 EL Balsamico
Thymian

Vorbereitung
Das Fleisch in 6 x 6 cm große Stücke schneiden.

So wird's gemacht

1. Das Fleisch mit Salz und Pfeffer würzen und in einem Topf mit Olivenöl anbraten.
2. Mit Rotwein ablöschen und mit der Rindsuppe aufgießen.
3. Die Hitze erhöhen.
4. Die Zwiebel und den Knoblauch schälen. Die Zwiebel in breite Streifen schneiden und zum Fleisch geben.
5. Die Aubergine in 2 cm breite Streifen schneiden.
6. Wenn das Fleisch weich ist, 2 EL Butter, die Auberginenstücke, Thymian und 1 EL Balsamico dazugeben.
7. Zugedeckt 3 min. rasten lassen.

Anrichten
Das Fleisch mit den Auberginenstücken und dem Saft auf Teller anrichten, mit Thymian und Olivenöl dekorieren.

Lammsauté mit ju

Tipp
Wenn man genug Zeit hat, kann man das Fleisch über Nacht in Rotwein einlegen.

em Knoblauch und Aubergine

Zutaten für 2 Personen

200 g Tagliatelle
2 Eier
4 Scheiben Speck
50 g Erbsen (tiefgekühlt)
1 rote Zwiebel
4 EL Olivenöl
1 EL Weißweinessig
Thymian
Salz, Pfeffer

Vorbereitung

Die Eier 14 min. in Salzwasser kochen. Abschrecken und schälen.

So wird's gemacht

1. Die Pasta laut Packungsangabe zubereiten.
2. In der Zwischenzeit die geschälte Zwiebel und den in Würfel geschnittenen Speck in einem Topf anbraten.
3. Die noch gefrorenen Erbsen dazugeben.
4. Salzen und pfeffern, die Pasta mit 4 EL des Kochwassers dazugeben.
5. Die geschälten Eier hacken und mit Essig, Olivenöl, Salz und Thymian zu einer Vinaigrette rühren.

Anrichten

Die Pasta in Tellern anrichten und mit der Vinaigrette servieren.

Tagliatelle mit

Tipp

Für Veganer gibt es zu Ei die passende Alternative: Zucchini.

eck, Erbsen und Eiervinaigrette

Zutaten für 2 Personen

200 g Pasta
3 EL Tomatenmark
20 Kirschtomaten
⅛ l Gemüsefond
2 EL Olivenöl
2 EL gehackte Petersilie
Salz, Pfeffer
100 g Parmesan

Vorbereitung

Salzwasser zum Kochen bringen.

So wird's gemacht

1. Die Pasta laut Packungsangabe zubereiten.
2. In der Zwischenzeit die Kirschtomaten in einer Pfanne mit 2 EL Olivenöl anbraten.
3. Die 2 EL Tomatenmark dazugeben und mit ⅛ l Gemüsefond ablöschen.
4. Salzen und pfeffern.
5. Die Pasta unter die Sauce mischen.

Anrichten

Die Pasta auf Teller anrichten und mit Petersilie dekorieren, mit einem Sparschäler den Parmesan darüber hobeln.

Tipp

Mehr von der Sauce zubereiten und in Rexgläser im Kühlschrank aufbewahren. Besser als jede Fertigsauce ...

Acht-Minuten-Pasta

Zwischendurch

Gemüse-Coussous mit Minzjoghurt

Mit braunem Zucker karamellisierte Ananas mit Minzjoghurt

Zehn-Minuten-Tomatencremesuppe mit Oliven-Hüttenkäse

Fenchelsalat mit Orangen und Currylachs

Spinatschaumsuppe mit Schafkäsecroutons

Chilihuhn mit Grapefruit-Honig-Salat

Käse-Butterschnitzel mit Kartoffelsalat

Knuspriges Gemüse mit Sojasalat

Crème fraîche-Creme mit Himbeeren

Crespelle mit Spargel und Parmesan

Gemüse-Couscous mit Minzjog

Zutaten für 2 Personen

2 Tassen Couscous
2 Tassen Gemüsefond
1 EL Olivenöl
4 kleine Tomaten
½ gelbe Paprika
½ rote Paprika
¼ Salatgurke
1 Jungzwiebel
½ Aubergine
1 TL Curry (scharf)
1 EL Rosinen
8 Pekanüsse
Salz, Pfeffer
100 g Joghurt
2 EL gehackte Minze

Vorbereitung

1. Den Gemüsefond aufkochen.
2. Den Couscous in eine Schüssel geben und den kochenden Fond darüber gießen.
3. Mit einem Schneebesen gut vermischen, danach mit Folie abdecken und 10 min. ziehen lassen.

So wird's gemacht

1. Das Gemüse klein schneiden und in einem Topf mit Olivenöl anbraten.
2. Den Curry dazugeben, von der Flamme geben, die Nüsse und die Rosinen beimengen.
3. Den Couscous mit einer Gabel auflockern und zum Gemüse geben. Ev. salzen und pfeffern.
4. Das Joghurt salzen und mit der gehackten Minze vermischen.

Anrichten

Den Couscous in eine Schüssel geben und mit Minzjoghurt beträufeln, mit Minze dekorieren.

Tipp

Couscous ist eine schnelle und herrliche Beilage, vor allem für „saftige" Gerichte.

Zutaten für 2 Personen

250 g Ananas
2 EL brauner Zucker
200 g Joghurt
1 EL Limettensaft
2 EL gehackte Minze

So wird's gemacht

1. Die Ananas schälen und in dünne Scheiben schneiden, entkernen.
2. Das Joghurt mit der gehackten Minze und dem Limettensaft abschmecken.

Anrichten

Die Ananasscheiben auf Teller anrichten, mit braunem Zucker bestreuen und einem Küchenbrenner karamellisieren. (Wenn kein Küchenbrenner vorhanden: im Rohr bei Oberhitze grillen.) Mit Minzjoghurt beträufeln.

Mit braunem Zucker karamellisierte Ananas mit Minzjoghurt

Tipp
Noch gesünder ist es, wenn man mit Honig statt mit Zucker karamellisiert.

Zehn-Minuten-Tomatencremesuppe mit Oliven-Hüttenkäse

Zutaten für 2 Personen

10 Tomaten
1 EL Olivenöl
⅛ l Weißwein
½ l Gemüsefond
Salz, Pfeffer
200 g Hüttenkäse
50 g schwarze Oliven (entkernt)
1 EL gehacktes Basilikum

So wird's gemacht

1. Die Tomaten vierteln und in einem Topf mit Olivenöl anbraten.
2. Mit Weißwein ablöschen und Gemüsefond aufgießen. Für 5 min. köcheln lassen.
3. Mit Salz und Pfeffer würzen und ev. mit einem Stabmixer aufmixen.
4. Den Hüttenkäse mit den klein geschnittenen Oliven, Salz, Pfeffer und dem Basilikum abschmecken.

Anrichten

Die Suppe in Teller füllen und mit dem Hüttenkäse und den Basilikumblättern servieren.

Tipp

Noch schneller, aber nicht so frisch funktioniert dieses Gericht mit Pelati-Tomaten aus der Dose (muss man nur einmal aufkochen).

Zutaten für 2 Personen

300 g Lachsfilet
2 Orangen (unbehandelt)
1 EL Curry
2 Fenchel
1 TL Sechuanpfeffer
1 TL Meersalz
½ Zitrone
⅛ l Weißwein
1 EL Honig
2 EL gehackte Minze

Vorbereitung

Den Lachs in feine Scheiben schneiden und mit dem Saft und der abgeriebenen Schale einer Orange, Meersalz und Sechuanpfeffer würzen und für 10 min. marinieren.

So wird's gemacht

1. Den Fenchel in sehr dünne Scheiben schneiden (am besten mit der Wurstschneidemaschine). Das Fenchelgrün extra aufheben.
2. Den Wein, Zitronensaft und den Saft einer Orange zum Kochen bringen.
3. Den Honig dazugeben und den Fenchel einlegen, kurz aufkochen lassen und vom Herd geben.

Anrichten

Den Lachs mit dem Fenchel auf einem Teller anrichten,
mit dem Orangen-Fenchel-Sud beträufeln.
Mit Curry bestreuen und mit Fenchelgrün dekorieren.

Fenche

Tipp

Wer lieber heimische Fische isst:
Lachsforellen eignen sich hervorragend für dieses Gericht.

at mit Orangen und Currylachs

Zutaten für 2 Personen

100 g Spinat (frisch)

1 EL Butter

½ Zwiebel

¼ l Weißwein

½ l Gemüsefond

¼ l Obers (Sahne)

Salz, Pfeffer

2 Scheiben Vollkornbrot

60 g Schafkäse

Vorbereitung

Das Brot diagonal halbieren und mit Schafkäse belegen, im vorgeheizten Rohr bei 190 °C überbacken.

So wird's gemacht

1. Die Butter in einem Topf schmelzen lassen und die in kleine Würfel geschnittenen Zwiebel anschwitzen.
2. Mit Weißwein ablöschen und den Fond und das Obers dazugeben.
3. Alles für 8 min. köcheln lassen.
4. Salzen und pfeffern.
5. Den Spinat dazugeben und sofort mit einem Stabmixer aufschäumen, nicht mehr aufkochen, Suppe würde grau werden.

Anrichten

Die Suppe in Teller geben und mit dem gratinierten Brot servieren.

Spinatscha

Tipp

Wenn man keinen frischen Spinat bekommt – mit tiefgekühltem Creme- oder Blattspinat funktioniert es genauso gut.

suppe mit Schafkäsecroutons

Zutaten für 2 Personen

2 Hühnerbrüste 190 g
1 Grapefruit
2 EL Honig
1 TL Paprikapulver
2 Chilis
1 Handvoll Rucola
2 EL Olivenöl
Salz, Pfeffer

Vorbereitung
Die Hühnerbrüste mit Honig, Salz und Paprikapulver einschmieren.

So wird's gemacht
1. Die Hühnerbrüste in 2 EL Olivenöl anbraten, wenden und die in kleine Stücke geschnittenen Chilis dazugeben.
2. Die Pfanne für 8 min. ins vorgeheizte Rohr bei 170 °C geben.
3. In der Zwischenzeit die Grapefruit in Scheiben schneiden und entkernen, den dabei entstehenden Saft aufheben.
4. Die Hühnerbrüste aus dem Rohr geben, aufschneiden.
5. Die Grapefruitscheiben in den Bratensaft legen, umrühren.

Anrichten
Die Hühnerbrustscheiben auf einen Teller legen, den gewaschenen Rucola darauflegen und mit den Scheiben und dem Saft marinieren.

Ch

Tipp
Wer es nicht so sauer mag,
kann statt Grapefruit auch Orangen nehmen.

uhn mit Grapefruit-Honig-Salat

Käse-Butterschnitzel mit Kartoff

Zutaten für 2 Personen

200 g Kalbsfaschiertes
1 Ei
2 EL Brösel
Salz, Pfeffer
½ TL getrockneter Majoran
2 TL Senf
100 g geriebener Parmesan
1 EL Olivenöl
300 g Kartoffeln (speckig)
1 rote Zwiebel
1/16 l Apfelessig
3 EL Speiseöl
1 EL Staubzucker
Salz, Pfeffer
1 Handvoll Vogerlsalat

15

12

alat

Vorbereitung
Die Kartoffeln in Salzwasser weich kochen.

So wird's gemacht

1. Die noch warmen Kartoffeln schälen und in Scheiben schneiden.
2. Essig, Öl, Salz, Pfeffer, 1 TL Senf, den in kleine Würfel geschnittenen Zwiebel und den Zucker unter die Scheiben mengen.
3. Das Faschierte mit Salz, Pfeffer, Majoran, 1 TL Senf, Ei und den Bröseln vermischen.
4. Kleine Kugeln daraus formen und diese dann flach drücken.
5. Die Laibchen („Laberln") in Olivenöl beidseitig braun braten (pro Seite ca. 2 min.).
6. Den Kartoffelsalat mit ein wenig lauwarmem Wasser zu einer cremigen Konsistenz rühren, ev. nachwürzen.
7. Kurz vor dem Servieren den gewaschenen Vogerlsalat untermischen.

Anrichten
Die „Laberln" mit dem Salat auf Tellern anrichten.

Tipp
Dieses Rezept funktioniert natürlich auch mit Schweins- oder Rindsfaschiertem.

Zutaten für 2 Personen

6 Frühlingsrollenblätter
½ gelbe Paprika
4 Kopfsalatblätter
3 EL Sojasprossen
50 g Sojabohnen
1 Jungzwiebel
1 EL Sesamöl
2 EL Sojasauce
½ Handvoll Rucola
Koriander
1 Handvoll Vogerlsalat

Vorbereitung

Die Frühlingsrollenblätter aus dem Tiefkühler geben.

So wird's gemacht

1. Paprika und Jungzwiebel in feine Streifen schneiden und in Sesamöl anbraten.
2. Mit Sojasauce ablöschen und die Sojasprossen und Bohnen dazugeben.
3. Den Kopfsalat in breite Streifen schneiden und untermischen.
4. Den Koriander grob zerpflücken und untermengen, alles von der Flamme nehmen.
5. Die Frühlingsrollenblätter mit kaltem Wasser bestreichen und die Fülle auflegen, die Ränder einklappen und zu einer Rolle formen.
6. Die Rollen auf ein mit Olivenöl bestrichenes Backblech mit Backpapier legen.
7. Im vorgeheizten Rohr bei 190 °C rundum knusprig backen.
8. Mit der restlichen Fülle und Saft den Rucola marinieren.

Anrichten

Die Rollen aus dem Rohr geben und mit dem Salat servieren.

Tipp

Wenn man keinen Asiashop in der Nähe hat,
kann man statt Frühl ngsrollenblätter Strudelblätter nehmen.

...uspriges Gemüse mit Sojasalat

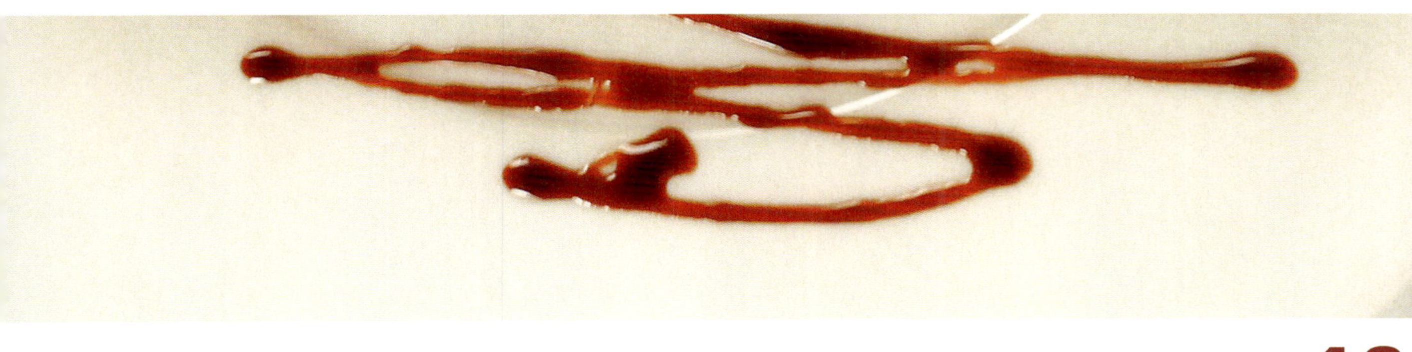

Zutaten für 2 Personen
200 g Crème fraîche
2 EL Staubzucker
Saft einer ½ Limette
2 Orangen
100 g Himbeeren
Minze

Vorbereitung
Die Orangen pressen und in einem Topf auf die Hälfte der Menge einkochen.

So wird's gemacht
1. Die Crème fraîche mit Staubzucker und dem Limettensaft verrühren.
2. Kurz tiefkühlen.
3. Die Himbeeren waschen.
4. Die Minze in feine Streifen schneiden.

Anrichten
Die Himbeeren waschen und auf Tellern anrichten, mit der lauwarmen Orangensauce marinieren. Die geeiste Crème fraîche-Creme mit einem Löffel zu Nocken formen und darauf geben, mit Minze dekorieren.

Crè

Tipp
Schmeckt mit Erdbeeren auch großartig.

fraîche-Creme mit Himbeeren

Zutaten für 2 Personen

4 Eier
70 g Mehl
100 g Milch
Salz, Pfeffer
2 EL Olivenöl
100 g grüner Spargel
1/8 l Weißwein
8 Kirschtomaten
2 EL Butter
250 g Parmesan (gehobelt)

Vorbereitung
Aus Milch, Eier, Mehl und Salz mit einem Schneebesen einen glatten Teig herstellen. 10 min. rasten lassen.

So wird's gemacht
1. In einer Anti-Haft-beschichteten Pfanne Olivenöl heiß werden lassen.
2. Den Teig eingießen und beidseitig backen.
3. Punkt 1–2 wiederholen, bis der Teig aufgebraucht ist.
4. Den Spargel für 2 min. in Salzwasser kochen, danach in eine Pfanne mit 2 EL Butter geben.
5. Die Tomaten halbieren und kurz mitbraten.
6. Salzen und pfeffern und mit der Hälfte des Parmesans in die Crespelle füllen.
7. In eine feuerfeste Form 1 EL Olivenöl geben, die Crespelle einlegen und mit dem restlichen Parmesan bestreuen.
8. Im vorgeheizten Rohr bei 175 °C gratinieren.

Cre

Anrichten
Die Crespelle auf einem Teller anrichten.

Tipp
Crespelle schmecken auch kalt sehr gut.

elle mit Spargel und Parmesan

Abends

25

14

Zutaten für 2 Personen

2 Beiriedschnitten (Schnitten vom flachen Roastbeef) à 120 g
Salz, Pfeffer
1 EL Olivenöl
2 rote kleine Zwiebeln
¼ l Rotwein
1 EL Butter
2 kleine Zucchini
1 EL Olivenöl
1 EL gehackter Rosmarin

Vorbereitung
Die Zwiebeln schälen und halbieren, ev. vierteln.

So wird's gemacht

1. Die Beiriedschnitten mit Salz und Pfeffer würzen und beidseitig in Olivenöl für je 4 min. scharf anbraten.
2. Aus der Pfanne geben, in Alufolie wickeln und an einem warmen Platz rasten lassen.
3. In derselben Pfanne die grob geschnittenen Zucchini anbraten, mit Salz, Pfeffer und dem Rosmarin würzen und 2 min. durchrösten.
4. Aus der Pfanne geben und warm stellen.
5. In dieselbe Pfanne die Zwiebeln geben, kurz anrösten und dann mit Rotwein ablöschen, salzen und mit Butter verfeinern.

Anrichten
Die Zucchini auf Tellern anrichten, das Beiried dazugeben und mit den Rotweinzwiebeln plus Saft anrichten.

Beiried mit Rotwe

Tipp
Statt Beiried kann man durchaus auch Rostbraten (rundes Roastbeef) nehmen, der mit ein bisschen mehr Fett durchzogen, aber sehr geschmackvoll ist.

viebeln und Rosmarinzucchini

Schweinefilet mit Gorgonzolab

eln und Paprikagnocchi

Zutaten für 2 Personen

250 g Schweinefilet
Salz, Pfeffer
1 EL Olivenöl
3 EL Brösel (Paniermehl)
100g Gorgonzola
2 Handvoll Gnocchi
½ rote Paprika
½ grüne Paprika
1 Jungzwiebel
2 EL Butter
1 EL gehackter Thymian

Vorbereitung
Die Paprika und die Jungzwiebel in feine Streifen schneiden.

So wird's gemacht
1. Das Schweinefilet in 6 gleich große Stücke schneiden, salzen, pfeffern und in Olivenöl beidseitig für 4 min. anbraten.
2. Die Brösel mit dem Thymian und dem Gorgonzola vermengen.
3. Die Masse auf den Medaillons verteilen und bei 225 °C Oberhitze für 5 min. ins vorgeheizte Rohr geben.
4. In der Zwischenzeit die Gnocchi in Salzwasser kochen, bis sie oben schwimmen.
5. Die Gnocchi aus dem Wasser geben und mit den in Steifen geschnittenen Paprika und Jungzwiebel vermengen, salzen und pfeffern.

Anrichten
Die Gnocchi mit den Medaillons anrichten
und mit frischem Thymian bestreuen.

Tipp
Besonders italienisch schmeckt es,
wenn man statt Paprika Tomaten nimmt.

Zutaten für 2 Personen

200 g Thunfisch
1 Zitrone
1 EL Sesamöl
1 Chili
1 TL Sesam
½ Handvoll Friséesalat
Meersalz
Pfeffer

Vorbereitung
Den Thunfisch in sehr feine Scheiben schneiden, auf 2 Teller legen und kurz tiefkühlen.

So wird's gemacht

1. Den gekühlten Thunfisch mit Meersalz und Pfeffer würzen.
2. Aus Zitronensaft und Sesamöl eine Marinade rühren.
3. Die Marinade über den Fisch gießen.
4. Den Salat darauf geben und mit dem fein geschnittenen Chili bestreuen.

Anrichten
Den Teller mit Sesam bestreuen.

Tipp
Dieses Gericht schmeckt auch sehr gut mit frischen heimischen Fischen.

Thunfisch „scharf“ mit Sesam

Zutaten für 2 Personen

2 Rostbratenscheiben (Scheiben vom runden Roastbeef) à 120 g
2 EL Olivenöl
1 EL Balsamico
1/16 l Rotwein
2 EL Butter
Salz, Pfeffer
4 kleine Kartoffeln (gekocht)
1 Jungzwiebel
2 Radicchios
2 EL Honig

Vorbereitung
Kartoffeln kochen und in Spalten schneiden.

So wird's gemacht
1. Die Rostbratenscheiben mit Salz und Pfeffer würzen und in einer Pfanne mit 1 EL Olivenöl beidseitig 2 min. braten.
2. Aus der Pfanne geben und in Alufolie an einem warmen Ort rasten lassen.
3. Die Radicchios halbieren (oder vierteln, je nach Größe), in die Pfanne geben und mit dem Honig karamellisieren.
4. Mit Rotwein und Balsamico ablöschen, mit 2 EL Butter verfeinern.
5. Die Kartoffeln in einer Pfanne mit 1 EL Olivenöl anbraten und mit der klein geschnittenen Jungzwiebel anbraten.
6. Mit Salz und Pfeffer würzen.

Anrichten
Den Rostbraten auf den Teller legen, mit den Radicchios und dem Saft belegen und die Kartoffeln dazu geben.

Rostbraten mit Jur

Tipp
Wer ein nicht zu durchwachsenes Fleisch bevorzugt, sollte Beiriedscheiben (Scheiben vom flachen Roastbeef) braten.

viebelkartoffeln und Radicchio

Sauerrahm-Schmarren mit Nüssen und Kirschen

Zutaten für 2 Personen

150 g Topfen (Quark) (20 %)
100 g Sauerrahm (saure Sahne)
4 Eier
2 EL Kristallzucker
2 EL Maistärke
1 EL Mehl
2 EL Haselnüsse
70 g Kirschen aus dem Glas
2 EL Butter
1 Prise Zimt

20

7

Vorbereitung
Die Kirschen mit Zimt und der Butter aufkochen.

So wird's gemacht

1. Den Topfen mit Eidotter, Sauerrahm, Stärke und Mehl zu einem glatten Teig rühren.
2. Das Eiklar mit dem Kristallzucker zu einem festen Schnee schlagen.
3. Den Schnee vorsichtig unter die Masse heben.
4. 1 EL Butter in einer Pfanne schmelzen lassen, die Masse einfüllen und im vorgeheizten Rohr bei 185 °C für 10 min. backen.
5. Aus dem Rohr nehmen, mit 2 Löffeln vorsichtig zerteilen, die Haselnüsse dazugeben und kurz braten.

Anrichten
Den Schmarren mit den Kirschen auf einem Teller anrichten.

Tipp
Besonders raffiniert schmeckt der Schmarren, wenn man Schokostücke in den Teig gibt.

Knusprige Kartoffelknödeln mit Speck-Preiselbeer-Sauce

Zutaten für 2 Personen

200 g gekochte, kalte Kartoffeln
1 EL Mehl
1 EL Maisstärke
1 Eidotter
Salz, Pfeffer
1 EL gehackte Petersilie
1 EL Olivenöl
4 Scheiben Frühstücksspeck
3 EL Preiselbeermarmelade
Cayennepfeffer
½ Jungzwiebel

Vorbereitung
Die gekochten Kartoffeln mit einer Küchenreibe in grobe Streifen reiben.

So wird's gemacht
1. Die Kartoffelstreifen mit Mehl, Stärke, Eidotter, Salz, Pfeffer und der gehackten Petersilie zu einem kompakten Teig vermischen.
2. Den Teig zu kleinen Kugeln formen und dann flach drücken.
3. Die Plätzchen in einer Pfanne mit 1 EL Olivenöl beidseitig knusprig braten, warm stellen.
4. In derselben Pfanne die Speckscheiben beidseitig knusprig braten.
5. Die Preiselbeermarmelade mit der fein geschnittenen Jungzwiebel und dem Cayennepfeffer vermischen.

Anrichten
Die Plätzchen mit der Sauce und dem Speck servieren.

Tipp
Die Plätzchen eignen sich auch hervorragend als Beilage z.B. für Wildgerichte.

Zutaten für 2 Personen

2 Schollenfilets à ca. 120 g
1 EL Olivenöl
2 Orangen
Salz, Pfeffer
200 g Erbsen (tiefgekühlt)
3 EL Butter

15

13

So wird's gemacht

1. Die Orangen pressen und den Saft auf die Hälfte einkochen lassen. Mit 2 EL Butter verfeinern.
2. Die Schollenfilets salzen und pfeffern und in einer Pfanne mit 1 EL Olivenöl beidseitig 2 min. braten. Warm stellen.
3. Die Erbsen in Salzwasser weich kochen, 90 % des Kochwassers abgießen.
4. 2 EL Butter dazugeben und mit einem Stabmixer grob pürieren.

Anrichten

Das Erbsenpüree auf einem Teller anrichten, das Schollenfilet dazugeben und mit der Orangensauce übergießen.

Scholle mi

Tipp

Man kann das Erbsenpüree auch durch ein feines Passiersieb drücken, ich finde aber das Beißverhalten so besser.

bsenpüree und Orangensauce

Zutaten für 2 Personen

300 g Mehl glatt

1 Ei

1/8 l Wasser (lauwarm)

1 EL Salz

1 EL Olivenöl

3 EL Crème fraîche

8 Frühstücksspeckscheiben

1 Jungzwiebel

Salz, Pfeffer

Petersilie

Vorbereitung

Aus Mehl, Wasser, 1 EL Olivenöl und Salz einen glatten Teig herstellen, für 10 min. rasten lassen.

So wird's gemacht

1. Den Teig in zwei gleich große Kreise ausrollen.
2. Die Fladen mit Crème fraîche bestreichen.
3. Mit dem in kleine Stücke geschnittenen Speck belegen.
4. Die Jungzwiebel in kleine Stücke schneiden und daraufgeben.
5. Die Fladen auf ein Backblech mit Backpapier legen und im vorgeheizten Rohr bei 195 °C knusprig backen.

Anrichten

Die Fladen auf Tellern anrichten und mit Petersilie dekorieren.

Tipp

Dieses Rezept ist von meiner Tante aus der Schweiz, eine tolle Kindheitserinnerung.
Man kann die Fladen mit allem belegen, z.B. auch wie eine Pizza.

Flammküchle mit Speck

Mitternacht

Scharfe Miso-Gemüsesuppe

Schinkenrolle „Italia“

Spicy Chicken

Mozzarella „rot-grün“

Salami-Toast mit Emmentalersauce

Gemüse-Rolle mit Chilisauce

Tomaten-Beinschinken-Salat

Chips mit Sauerrahm-Koriander-Dip

Schokotraum

Zutaten für 2 Personen

½ l Gemüsefond
2 EL Sojasauce
1 EL Sesamöl
½ rote Paprika
½ Zucchini
1 Jungzwiebel
1 Karotte
50 g Tofu
2 EL Sojasprossen
2 EL Koriander
1 EL Sesam
1 Chili

Vorbereitung

Die Kartoffeln schälen und in grobe Stifte schneiden.

So wird's gemacht

1. Das Gemüse klein schneiden.
2. In einem Topf das Gemüse in Sesamöl anbraten, mit Sojasauce ablöschen und mit Gemüsefond aufgießen.
3. Die Sojasprossen, geschnittener Tofu, Chili und den grob gehackten Koriander dazugeben.
4. Für 5 min. kochen lassen.

Anrichten

Die Suppe in eine Schüssel füllen und mit dem Sesam servieren.

Tipp

Eine Variante ist es, ein wenig Hühnerfleisch dazuzugeben.

Scharfe Miso-Gemüsesuppe

Zutaten für 2 Personen

200 g Frischkäse
3 EL geriebener Parmesan
1 EL gehacktes Basilikum
3 Grissini
Salz, Pfeffer
8 Scheiben Prosciutto
1 Handvoll Rucola
1 EL Pignoli
1 EL Balsamico

15

9

Vorbereitung
Die Pignoli in einer Pfanne trocken (ohne Öl) rösten.

So wird's gemacht
1. Den Frischkäse mit Parmesan, Basilikum und fein gehackten Grissini vermischen. Salzen und pfeffern.
2. Die Prosciuttoscheiben nebeneinander auflegen, die Masse aufstreichen und wie einen Apfelstrudel einrollen.
3. In 6 gleich große Stücke schneiden.
4. Den Rucola mit Balsamico marinieren.

Anrichten
Die Schinkenrolle mit dem Rucola anrichten und den Pignoli bestreuen.

Tipp
Wenn man in die Fülle getrocknete, eingelegte Tomaten gibt, schmeckt sie besonders aromatisch.

Schinkenrolle „Italia“

Zutaten für 2 Personen

200 g Hühnerfilet
3 EL sweet Chilisauce
2 EL gehackter Koriander
2 EL gehackte Erdnüsse
1 Chili
2 EL Olivenöl
3 Salatblätter

12

6

Vorbereitung

Die Hühnerbrust in 3 cm dicke Streifen schneiden.

So wird's gemacht

1. Die Hühnerstreifen mit Salz, sweet Chilisauce und Honig vermischen.
2. Den Koriander und die Erdnüsse dazugeben.
3. Alles in einer Pfanne mit Olivenöl schwenkend für 6 min. braten (immer wieder wenden, der Honig und die Chilisauce verbrennen schnell).
4. Den geschnittenen Chili dazugeben.

Anrichten

2 Schüsseln mit Salatblättern auslegen und die Hühnerstreifen einfüllen.

Tipp

Dieses Gericht schmeckt auch toll mit Rindfleisch oder Tofu, wenn es ohne Fleisch sein soll.

Spicy Chicken

Mozzarella „rot-grün“

Zutaten für 2 Personen

3 Tomaten
2 Mozzarella
3 EL gehacktes Basilikum
3 EL Olivenöl
2 EL Parmesan
1 EL gehackte Pignoli
Salz, Pfeffer
Petersilie

Vorbereitung
Das gehackte Basilikum mit Parmesan, Pignoli und 3 EL Olivenöl vermischen, pfeffern.

So wird's gemacht
Die Tomaten und den Mozzarella in gleich dicke Scheiben schneiden.

Anrichten
Die Mozzarellascheiben abwechselnd mit Tomatenscheiben belegen, dazwischen das Pesto streichen. Mit Petersilie dekorieren.

Tipp
Crustinis passen wunderbar zu diesem Rezept.

Zutaten für 2 Personen

4 Schwarzbrotscheiben
8 Scheiben Salami
10 Scheiben Emmentaler
2 EL Sauerrahm (saure Sahne)
¼ Jungzwiebel
Salz, Pfeffer
2 EL Butter
1 EL geschnittener Schnittlauch

Vorbereitung

Den Sauerrahm mit 2 Scheiben fein geschnittenem Emmentaler, Salz, Pfeffer und Schnittlauch vermengen.

So wird's gemacht

1. Die Brotscheiben mit Butter bestreichen.
2. Mit Käse und Salami belegen.
3. Mit Brotscheibe abdecken und in einer Pfanne beidseitig knusprig braten.

Anrichten

Die warmen Brote mit der Sauce servieren.

Sa

Tipp

Schmeckt mit Schinken und Gouda auch sehr gut.

mi-Toast mit Emmentalersauce

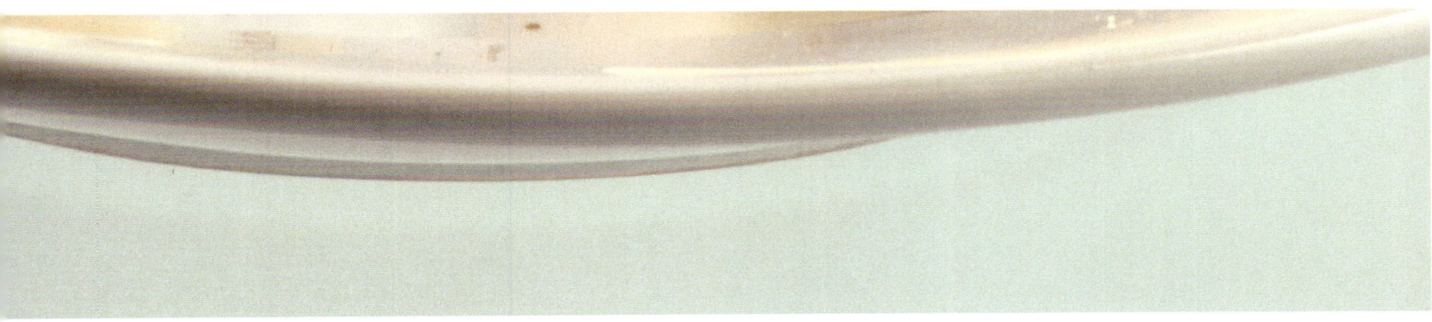

Zutaten für 2 Personen

1 Karotte

¼ Gurke

½ rote Paprika

4 Kochsalatblätter

1 EL Sojasauce

2 EL sweet Chilisauce

1 EL Limettensaft

Salz, Pfeffer

4 EL Radieschensprossen

Vorbereitung

Den Kochsalat für 20 sec. in Salzwasser kochen und in Eiswasser abschrecken, trocken tupfen.

So wird's gemacht

1. Die Karotte schälen und mit dem restlichen Gemüse in dünne Stifte schneiden.
2. Mit Sojasauce, Chilisauce, Limettensaft, Salz und Pfeffer würzen.
3. Die Kochsalatblätter nebeneinander auflegen und die Gemüsestifte längs auflegen.
4. Alles wie einen Strudel zu einer Rolle formen.
5. Die Rolle mit einem scharfen Messer in gleich große Stücke schneiden.

Anrichten

Die Rollen mit etwas Sojasauce und sweet Chilisauce servieren.

Tipp

Man kann etwas Räucherlachs oder frischen rohen Fisch in die Rollen füllen. Makirollen ohne Reis – selbstgemacht.

Gemüse-Rolle mit Chilisauce

Zutaten für 2 Personen

100 g Beinschinken (geschnitten)
60 g Emmentaler (geschnitten)
2 Tomaten
2 Radieschen
2 EL Radieschensprossen
½ Handvoll Rucola
1 EL Sherryessig
1 EL Walnussöl
Salz, Pfeffer

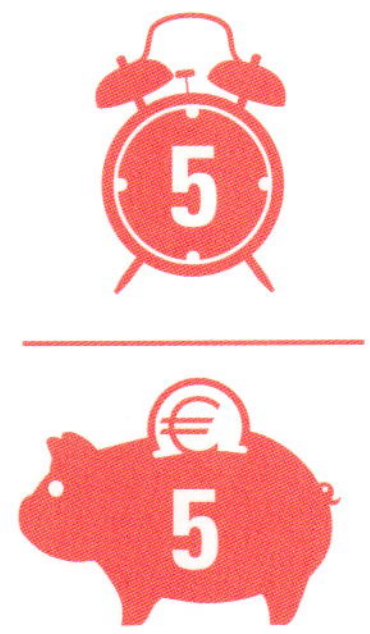

So wird's gemacht

1. Die Schinken- und Käsescheiben vierteln und in eine Schüssel geben.
2. Mit Salz, Pfeffer, Öl und Sherryessig würzen.
3. Den Rucola und die in dünne Scheiben geschnittenen Radieschen dazugeben.
4. Die Tomaten in Scheiben schneiden und unter den Salat mischen.

Anrichten

Den Salat in einer Schüssel anrichten und mit den Sprossen dekorieren.

Tipp

Je länger der Salat mariniert, umso besser schmeckt er.

Tomaten-Beinschinken-Salat

Zutaten für 2 Personen

3 große Kartoffeln (speckig)
2 EL Olivenöl
Meersalz
100 g Sauerrahm (saure Sahne)
2 EL gehackter Koriander
½ EL Sesamöl
Sechuanpfeffer

Vorbereitung
Die Kartoffeln schälen und in grobe Stifte schneiden.

So wird's gemacht
1. Die Stifte mit Olivenöl auf ein Backblech mit Backpapier für 15 min. ins vorgeheizte Rohr bei 190 °C geben.
2. Immer wieder wenden.
3. Den Sauerrahm mit dem grob gehackten Koriander, Sesamöl, Salz und Pfeffer würzen.

Anrichten
Die Chips mit Meersalz würzen, in eine Schüssel geben und mit dem Dip servieren.

Ch

Tipp
Wenn man Ketchup mit scharfem Currypulver veredelt, schmeckt das bestens dazu.

mit Sauerrahm-Koriander-Dip

Zutaten für 2 Personen

200 g dunkle Schokolade
50 g Milchschokolade
1 Ei
400 g Obers (Sahne)
1 Orange (unbehandelt)
50 g Himbeeren

So wird's gemacht

1. Die Schokoladen schmelzen
   (in einer Schüssel über Wasserdampf oder in der Mikrowelle).
2. Das Ei unterrühren.
3. Die Orangenschale abreiben und mit dem Saft untermengen.
4. Das Obers zu zwei Drittel aufschlagen (nicht ganz fest), unterheben.
5. Die Schokomasse in eine Schüssel füllen und für 10 min. in den Tiefkühler geben.

Anrichten

Die Schüssel aus dem Tiefkühler geben und mit frischen Himbeeren servieren.

Tipp

Wenn man ein wenig Chili unter die Schokomasse gibt, wird's noch spannender.

Schokotraum

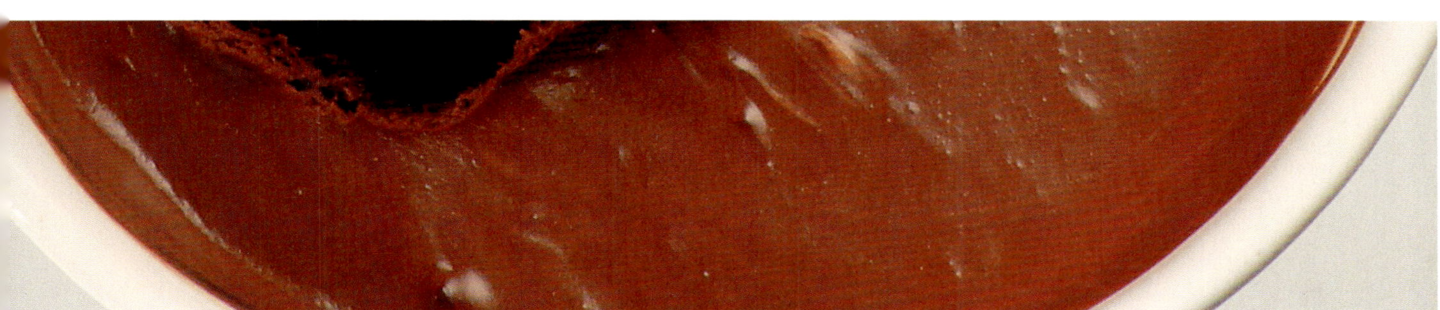

Rezeptregister